ORAISON FUNÈBRE

DE

M. le Chanoine PIERRE VILLION

PRONONCÉE DANS L'ÉGLISE DE COUZON, LE 29 JANVIER 1903,

par M. l'Abbé J.-B. VANEL

CHANOINE DE SMYRNE, CURÉ DE SAINT-JOSEPH DE LA DEMI-LUNE

M. le Chanoine Pierre VILLION
CHEVALIER DE LA LÉGION D'HONNEUR ET DU SAINT-SÉPULCRE
FONDATEUR DU PATRONAGE SAINT-LÉONARD A COUZON-AU-MONT-D'OR (RHONE)

Surgam et ibo.
Debout et en avant.
(*S. Luc*, xv, 18.)
DEVISE DE L'ASILE.

Mes Frères,

Si l'humble prêtre dont j'ai reçu mission de rappeler les services et de louer la vertu, avait pu prévoir que la règle diocésaine, qui supprime les honneurs de l'oraison funèbre pour les membres du clergé, serait suspendue à son bénéfice, il aurait sans doute protesté contre une telle exception et il se serait empressé de demander que son âme ne fut accompagnée, devant Dieu, que par nos prières et par nos larmes. Mais la reconnaissance a des obligations qu'il sied de remplir ; la piété filiale a quelquefois raison de passer par-dessus l'opportunité commune du silence et de ne pas céder au dédain, si légitime qu'il soit, d'une renommée posthume.

Son Eminence Mgr l'archevêque, avec la délicatesse d'un cœur ouvert aux plus nobles sentiments, l'a compris ainsi ; sa haute bienveillance, après nous avoir consolés dans notre deuil, a voulu que nous nous entretenions une fois encore de ce vénéré défunt que nous ne cesserons de regretter et dont on ne publiera jamais assez les exemples de foi, de dévouement et de bonté.

Des hommes, en effet, comme le fondateur de St-Léonard, sont toujours enlevés trop tôt à leurs œuvres et à leurs innombrables obligés. Ils passent en faisant le bien, insouciants d'eux-mêmes, uniquement préoccupés de soulager les infortunes et la détresse de leurs semblables. Sacrifiés sans arrière-pensée et sans relâche à la tâche de sauveteurs volontaires qu'ils se sont tracée, ils poussent en avant, toujours alertes, toujours compatissants, toujours infatigables. Ils ne songent pas plus à s'arrêter ou à se reposer qu'ils sont persuadés de voir un jour la misère finir, les chutes morales cesser, le vice disparaître, la justice et la paix sociales s'établir sur les ruines des passions vaincues. Chaque jour leur apporte une besogne nouvelle et chaque jour ils recommencent avec une abnégations retrempée et une inlassable vivacité. Mais lorsque la mort les couche sur le sillon interrompu, auprès de la charrue qu'ils ont conduite, sans jamais jeter un complaisant regard en arrière, n'appartient-il pas aux survivants de mesurer l'ouvrage accompli, d'en relever le mérite, d'en apprécier les résultats ? Il est rare alors de ne pas recueillir dans ces existences, toutes de féconde activité et de triomphante humilité, d'importantes leçons à suivre et des encouragements multiples à reproduire, dans ce qu'elles ont eu de plus utile à la société, de plus conforme à l'esprit catholique.

Telle est la double intention avec laquelle je voudrais essayer de peindre, devant vous, la physionomie si populaire et si ecclésiastique de notre vénéré défunt. Tous ceux qui me prêtent leur attention l'ont connu et aimé: on ne l'approchait guère sans éprouver le charme de sa bonté, sans être séduit par la générosité de son caractère vaillant et spontané. Il était impossible, quand on le contemplait à la peine, de n'être pas ému par son sincère oubli de soi-même qu'il portait partout et qu'il savait si joyeusement dissimuler sous la franchise d'un fin sourire.

Mais pour mieux juger de son influence, de ses succès sérieux et durables, de la solidité de ses entreprises, il faut se demander à quelle secrète source il puisait des bénédictions aussi inespérées, et d'où tenait-il une autorité aussi universellement respectée et obéie.

On en découvre la principale cause dans les inspirations et dans les qualités mêmes de son sacerdoce, dans la sincérité de sa vocation, dans la fidélité scrupuleuse et constante qu'il apporta à tenir les engagements de son ordination. Méditations profondes et fréquentes sur l'idéal de son état, d'autant plus périlleux qu'il est plus sublime, rapprochements familiers avec le modèle divin, incarnant dans sa chair crucifiée la loi de toutes les rédemptions, vie intérieure intense, soutenue par une piété expressive, pauvreté rigoureuse, sévérité de mœurs inattaquable, voilà, me semble-t-il, ce qui créa et nourrit, chez lui, la flamme de son merveilleux apostolat de compassion et de relèvement. C'est à mesure qu'il avait franchi les degrés du sanctuaire qu'il avait senti de plus en plus s'éveiller en son cœur l'ambition de réclamer pour son héritage, dans la vigne du Seigneur, les parties les plus abandonnées et les moins défrichables ; c'est en montant à l'autel, chaque matin, qu'il s'entretenait dans ses préférences et qu'il se félicitait de n'en avoir pas eu d'autres : c'est enfin, dans ces rapports intimes de la messe quotidienne avec Jésus-Christ immolé par ses mains, qu'il renouvelait ses provisions de pitié et d'amour pour les brebis égarées qu'il rapportait et retenait au bercail.

Louer un ministre de Dieu de cette trempe et de ce mérite, aussi véritablement selon les vues de la Providence et le goût de l'opinion, n'est-ce pas prononcer le panégyrique du clergé entier ? n'est-ce pas précisément, à l'heure où l'on cherche à obscurcir son caractère, à contester ses libertés, à entraver son expansion, rappeler avec justice et à propos qu'il n'y a rien de plus grand, sur la terre, au point de vue religieux, que ses fonctions, et qu'il n'y a rien de plus bienfaisant et de plus nécessaire au point de vue social ?

Choisissez à votre gré, dans cette carrière si surnaturelle d'inspiration, si féconde en belles actions, les manifestations les plus éclatantes du zèle compatissant et héroïque qui en actionna la marche audacieuse, à chacune des étapes, vous serez amenés à constater que le sacerdoce y brille au premier rang ; vous y admirerez la perfection des grâces de charité sainte réservées à cet état : en commandant les élans de la pitié, en réglant les sacrifices du patriotisme, elles déterminent ses titres à une exceptionnelle popularité. Partout où il se montre, dans le patronage qu'il crée, dans les ambulances auxquelles il est volontairement attaché, à l'Académie qui le couronne, cet apôtre, ce bon Français, ce lauréat porte un vrai cœur de prêtre ; son unique souci est de l'obliger à battre pour Dieu et pour ses frères, sans repos et sans reproche.

Attachons-nous, je vous prie, à recueillir, en sa pleine et instructive évidence, ce témoignage que rendent la vie, les souffrances et les mérites de *Messire Pierre Villion, fondateur de l'œuvre de St-Léonard, chanoine honoraire de la Primatiale, chevalier de la Légion d'honneur et du Saint-Sépulcre* ; je ne chercherai pas, dans ce discours, consacré à sa mémoire, d'autres éloges à lui offrir, ni d'autres palmes comme ornement à sa tombe.

I

Lyonnais de naissance et d'éducation, l'abbé Villion a pu tenir de la nature et du sol, comme la plupart de ses compatriotes, une âme inclinée au mysticisme, prédisposée aux obscurités de la croyance, sensible aux émotions religieuses les plus délicates et les plus enivrantes. Ses maîtres de Saint-Jean et de Saint-Irénée ont sans doute développé ces tendances innées, en affermissant ses convictions, en formant et en dirigeant sa piété d'enfant et de séminariste.

Mais la cause de sa sublime vocation ne réside pas là tout entière ; elle demeurerait à vos yeux un problème confus, si j'hésitais à l'expliquer par une action arrêtée de la Providence, qui se choisit les ouvriers qu'elle a marqués pour un dessein spécial et qui attend d'eux, seulement, la docilité méritoire aux avances qu'elle leur adresse. Qui osera, comme le dit le prophète d'Israël, demander compte au Seigneur de ses décrets et de nos destinées ? Qui l'interrogera sur les voies dans lesquelles il nous ordonne de marcher ? Cependant encore, n'est-il point interdit d'étudier le jeu hardi de sa volonté souveraine et l'extrême variété de ses dons. Les événements, dont nous traitons, en présentent un exemple peu banal.

Sur ce vieux territoire des Augustins, à présent livré à la pioche des démolisseurs qui abattent ses sombres maisons et élargissent ses rues étroites, entre la porte Saint-Marcel et la rive gauche de la Saône, en un intervalle de moins de vingt années et dans des habitations voisines, trois enfants sont nés, réservés tous les trois à laisser un nom que la postérité disputera longtemps à l'oubli. Outre la proximité de leur berceau, Hippolyte Flandrin, le Père Villion, le sergent Blandan, ont encore eu de commun la médiocrité du foyer qui les recevait et l'obscurité de la famille qu'ils augmentaient. Mais là s'arrête la ressemblance, car le sort se plut à les séparer au moins autant que leur origine paraissait devoir les rapprocher. Le premier prit des pinceaux, le second choisit le calice, le troisième s'arma d'un fusil. Certes je ne chercherai pas si le génie du peintre l'emporte sur le dévouement du prêtre ; je ne me demanderai pas si la bravoure du soldat de Beni-Mered l'égale aux deux autres ; art, charité ou courage, qu'importe la voie qui mène à l'immortalité ! Aujourd'hui l'histoire est fière d'associer leurs mérites, sans disputer sur leur rang, et Lyon les revendique parmi les plus illustres de ses fils. Que leurs efforts se soient tournés vers des buts différents, le résultat n'en est pas moins identique ; ils ont honoré l'humanité, en la servant ; celui-là lui a légué des chefs-d'œuvres, tandis que celui-ci lui rendait d'honnêtes gens et que le dernier l'instruisait par l'exemple d'une mort héroïque.

Toutefois il est à croire qu'un contemporain, appelé à déclarer la vocation des trois jeunes gens, ne se fut pas prononcé sur leur avenir sans embarras ; je doute même qu'il se soit résolu à faire les parts entre eux comme le ciel en avait décidé. Quelle apparence, en effet, que Pierre Villion était prédestiné au sacerdoce, lorsque tout l'entraînait vers l'armée ? Sa turbulence et sa crânerie enfantines lui faisaient donner la préférence sur tous les jouets à un tambour et à une épée ; il n'était silencieux et attentif que pour écouter, sur les genoux de son père, les récits des batailles impériales que l'ancien officier ne se lassait pas de lui recommencer, énumérant les victoires gagnées et les capitales conquises. Dans son amour pour la guerre et la poudre, il s'imaginait que la peur était à son âge le plus vilain des défauts et il se plaisait à courir au-devant des plus périlleux exercices. On raconte que pendant les terribles journées de l'insurrection de 1834, alors que la place Sathonay était occupée par des détachements de voraces descendus de la Croix-Rousse, on le vit tranquillement traverser leur campement, jouer avec les faisceaux et porter le pain aux clients de la boulangerie qui n'osaient venir le chercher. Mais ces premiers feux s'éteignirent sous la rosée des larmes que lui arracha la mort de sa mère et les leçons du catéchisme tournèrent l'esprit de l'orphelin vers de plus hautes pensées ; la caserne fut délaissée pour le sanctuaire.

Ainsi que l'autre, la milice sacrée a ses chefs et ses simples soldats, ses éclaireurs et ses tacticiens, son élite et sa réserve, ses postes avancés et ses forteresses de ravitaillement. A quelle place Pierre Villion sollicitera-t-il d'être rangé? La meilleure lui paraît celle assignée par l'obéissance et, pendant trois années, il est maître d'études et professeur à l'Institution des Minimes. Il y réussit à merveille ; les élèves le respectent, l'écoutent, se montrent dociles ; ses confrères, parmi lesquels on compte le futur archevêque d'Aix, Mgr Gouthe-Soulard, et M. l'abbé Richoud, futur grand'vicaire du diocèse, lui témoignent de l'estime et de la confiance ; le supérieur, M. Payre, redouté pour sa sévérité intransigeante et une solennité de manières peu communicatives, l'apprécie et ne le lui cache pas. Ses goûts, son amour pour l'étude le fixeront-ils dans ce milieu intelligent et distingué ? La liberté d'enseignement, qui vient d'être votée par le Parlement, après de longs débats, au sein de la commission présidée par M. Thiers, le retiendra-t-elle par les promesses qui l'accompagnent et les succès qu'elle présage aux éducateurs chrétiens ?

Il aurait peut-être cédé aux prières qui tentaient de le retenir, si les circonstances ne l'avaient eu déjà mis en contact avec les détenus dont le sort l'émut de suite, dont le relèvement le poursuivra jusqu'à son dernier soupir, comme le rêve perpétuel d'un compatissant et fraternel attendrissement.

Une suppléance à la prison Saint-Joseph, quelques instructions données à de petits vagabonds ébranlent ses dernières hésitations. Il quitte le brillant collège, sa chaire enviée, ses écoliers appartenant aux meilleures familles de la province, il s'enferme au refuge d'Oullins, sous la direction de l'abbé Rey, de mémoire si vénérable, voué désormais à instruire, à corriger, à moraliser de misérables petits garçons, ramassés dans les bas-fonds du vice, criminels précoces, dégénérés et corrompus, victimes souvent d'un atavisme qui les livre sans défense aux suggestions les plus malsaines et aux plus violents instincts. La fleur de son sacerdoce et de sa charité s'épanouit, comme sous le ciel le plus clément, dans cette atmosphère si peu respirable à des poumons délicats. Il surveille, il catéchise, il confesse, il encourage ; il enseigne l'alphabet aux ignorants ; il entraîne les paresseux au travail ; il ramène et soumet les indisciplinés. L'œuvre traverse des heures sombres ; ses directeurs subissent mécomptes et défections. Sa confiance n'est point ébranlée et sa patience survit aux plus longues épreuves. Pendant treize ans, il demeure aux côtés du fondateur comme un de ses auxiliaires les plus intrépides et les moins exigeants.

Pourquoi la tempête est-elle venue emporter le fruit accumulé de sacrifices si nombreux et de si généreux efforts ? Pourquoi Citeaux, après Brignais, et Brignais, après Citeaux, ont-ils vu disperser leurs hôtes, suspendre leurs cultures, fermer leurs ateliers ? que Dieu pèse toutes les responsabilités, dans les balances de sa justice qui n'est pas la nôtre, et qu'Il absolve les coupables avec les imprudents, en faveur des justes qui versèrent, dans ce champ constamment en friche, tant de leurs pénibles sueurs, tant de si saintes et de si humbles prières.

Ce fut dans le cours de l'année 1864, que M. Villion se sépara du pénitencier Oullinois et commença l'organisation de l'asile Saint-Léonard. Depuis longtemps il en nourrissait le projet ; il attendait le moment propice ; il lui fut révélé par des sollicitations simultanées, en entière correspondance avec ses desseins personnels.

Une œuvre, comme celle-ci, ne sort pas de terre tout à coup, sous la pression d'un geste improvisé. Son organisme lent et compliqué demande à la fortune des capitaux, à la sagesse des avis, à l'opinion des encouragements, à l'expérience des exemples, au dévouement surtout, qui en assume la responsabilité, une ténacité que ne brisera aucun obstacle, qu'aucune déception ne sera capable d'entamer. Désigné par ses qualités et par son passé, l'abbé Villion aurait pu marcher seul : par modestie et par prudence il tint à s'appuyer sur le crédit des magistrats du parquet et de la cour les plus considérés, sur le concours des philanthropes connus de la ville et du département. Il me serait difficile de nommer ici tous ses collaborateurs des premiers essais ; je ferai cependant en faveur des membres de la Société des Hospitaliers-Veilleurs une exception nécessaire.

Cette société laïque, qui a précédé les conférences Saint Vincent-de-Paul, occupera dans le livre d'or de la Charité lyonnaise une des pages les plus honorables et les plus édifiantes. Nos institutions encore plus que nos mœurs actuelles ont suspendu son développement et resserré son action et ses aumónes. Mais il fut une époque, pas trop lointaine, où elle groupait dans ses cadres, sans distinction d'opinions et de titres, ce que la société, le négoce, les administrations, la finance, le barreau, les professions libérales comptaient de meilleur et de plus en renom. On visitait les infirmes et les détenus ; on assistait les pauvres honteux ; on pénétrait dans les salles d'hôpital pour la toilette des malades ; dans les détresses publiques on provoquait les souscriptions et les secours. Cette activité d'antan n'est plus qu'une ombre d'elle-même, mais au moins, dans ces bienfaits passés, entre les plus dignes de consacrer le souvenir de l'Association à la reconnaissance publique, on ne saura omettre sans injustice sa coopération effective à l'établissement de Couzon.

Il n'est point surprenant que le projet de Saint Léonard, dès qu'il fut lancé, ait rencontré plus d'encouragements et d'approbations que de superficielles objections. Sa nouveauté surprenait peut-être les esprits légers, sceptiques, par dilettantisme ; il contrariait les prophètes ennemis de toute initiative privée ; mais l'urgence même de son exécution lui· suscitait de chauds partisans.

En effet, la question pénitentiaire, comme on s'exprime, a pris, au siècle dernier. une extension et une importance qui n'échappent plus à personne. Non-seulement les mandataires officiels de la justice s'en sont vivement préoccupés ; mais jurisconsultes, économistes, députés, publicistes ont écrit, parlé, tenu des congrès à ce sujet. En se proposant d'améliorer le droit criminel, de rendre les pénalités plus conformes à nos idées modernes et aux principes d'une équivalence dont les bases sont changées, ils envisagent le coupable plus que la faute, ils tendent à rendre la répression plus moralisatrice, à préparer la réforme individuelle et le retour au bien par des voies plus faciles et plus larges. Il ne s'agit plus simplement de rétablir l'ordre par une sentence qui châtie, de venger ou de défendre la société, en enfermant le voleur dans une cellule ou en exécutant l'homicide ; la tâche est plus philosophique et plus noble. Dans ce révolté contre la loi, il faut inspirer ou reconstituer le sentiment du devoir, le respect des droits d'autrui, une conscience qui commande plus haut que ses habitudes et qui se substitue aux perversités héréditaires ou acquises dont il a été la victime déprimée. Vous voyez quelles ramifications innombrables comportent ces théories et ces programmes. Ici c'est l'enfant en péril à préserver, là l'adolescent à ramener de ses premières excursions dans le mal ; ailleurs le condamné à tirer du désespoir, à sauver de la haine ; plus loin le libéré de la veille à surveiller discrètement et à entourer pour qu'il ne soit pas le récidiviste du lendemain. Formes multiples d'une même pitié en faveur de la détresse de pauvres âmes, grossières et faibles, ignorantes et blessées, incapables de remonter le courant de déshonneur qui les entraîne et les a déjà submergés.

Que la religion soit à peu près seule à pouvoir essayer d'aussi chanceux sauvetages, qu'elle soit la plus apte à recueillir et à radouber ces tristes épaves du naufrage social, que son autorité et ses énergies soient la condition nécessaire du succès, nous en sommes ici tous persuadés, et notre assemblée se tient précisément pour rendre hommage au zèle qui s'inspire de ses doctrines et aux réhabilitations qu'elle mène à bonne fin. La neutralité confessionnelle n'est point encore en faveur dans les pénitenciers et ses rares essais ont été trop désastreux pour que ce faux système ne soit pas condamné sans retour,

Le Père Villion n'avait jamais assez de voix et toujours trop d'arguments pour le répudier et démontrer le néant de son amère comédie. Il me semble l'entendre encore commenter avec l'accent le plus ému, avec son cœur et ses larmes, la douce parole du Christ : *J'étais en prison et vous m'avez visité*. Il avouait avec la simplicité d'un disciple, qui abdique devant le Maître, qu'il ne cherchait pas ailleurs que, dans cet Evangile, la lumière des exhortations qu'il prodiguait, l'appui des espérances qu'il semait, le secret des réformes qui aboutissaient, la persévérance des conversions qu'il avait opérées. Il y puisait pour lui-même la patience de tout souffrir, la hardiesse de tout demander, la grâce de tout obtenir. Ses journées n'étaient pas régulièrement exemptes d'orages et il a passé beaucoup de nuits sans sommeil. Qui découvrira cependant le bien extraordinaire accompli dans sa maison par son industrieuse bonté ?

Les portes en sont ouvertes à tous ceux qui ont subi quelque condamnation infamante ; un casier judiciaire bien chargé sert de carte d'entrée ; la promesse d'observer le règlement extérieur est tout ce qu'on exige. Plus la venue du prodigue a été laborieuse ; plus l'accueil est paternel. Le cœur se laisse promptement conquérir, le cerveau suit le cœur et la conscience ne résiste pas aux salutaires secousses qui l'ébranlent ; elle se retrempe dans le repentir ; elle s'affermit par la discipline et le travail dans de viriles résolutions ; le pardon divin achève de substituer la paix aux remords et l'assurance de la vertu reconquise aux lamentables découragements de la honte, rusée conseillère de nouvelles chutes.

Sans doute cette résurrection des sentiments honnêtes chez des infortunés deshonorés par une mauvaise conduite antérieure, cette reprise réelle et légitime de l'estime de soi-même par ceux que le monde méprise et a rejetés ne sont pas des phénomènes anormaux, absolument au-dessus des énergies naturelles ; cependant quiconque a scruté les obscurs abîmes de l'âme humaine, pesé ses faiblesses, analysé ses passions, celui-là sans crier au miracle, se plaira à saluer dans cette métamorphose de loups en agneaux la force d'un amour infini et l'action d'une miséricorde supérieure à toutes les choses créées. Le Crucifié, qui promit, en mourant, le paradis au bon larron, demeure l'indulgent et unique ami qui efface des mains, garottées par le gendarme, la rougeur persistante des chaines rompues, le seul capable d'enlever à une·vie, purifiée par la pénitence, les stigmates qu'une action honteuse y avait imprimés en d'ineffaçables déchirures.

Le traitement du monde est tout autre ; nous connaissons ses pudeurs effarouchées, ses scrupules intraitables, ses rigueurs pour certaines fautes, hélas ! ses complaisances aussi pour beaucoup d'autres. Dans ses proscriptions il obéit aux préjugés pharisaïques d'un sot orgueil, d'une peur irraisonnée, d'une pseudo-justice variable non moins qu'aveugle. Il suffit d'avoir été initié aux confidences de libérés, traités en parias, suspects, calomniés, rebutés de partout, fatalement rejetés dans la boue, parce qu'on leur refuse ce morceau de pain qu'ils sollicitent de gagner, on s'explique mieux alors pourquoi le saint prêtre que nous louons eut la volonté de joindre son immolation à l'immolation de Dieu pour sauver de tels désespoirs et racheter d'aussi incurables misères.

Qui ne se rappelle la parabole des ouvriers envoyés à la vigne aux différentes heures du jour ? Le soir venu, le père de famille remit à tous le même salaire ; les derniers furent les égaux des premiers. L'existence du Père Villion a été consacrée à mettre cette allégorie messianique en action. Il s'est épuisé à prêcher aux appelés de la dernière heure qu'ils seraient récompensés comme ceux de la première ; à force de le lui entendre répéter, un grand nombre en ont été persuadés et ils se sont rendus dignes du salaire éternel qu'ils ne convoitaient plus.

II

Lorsque, le 4 août 1870, retentit à Wissembourg le premier coup de canon de la guerre fatale, le directeur et les patronés de l'asile des bords riants de la Saône ne se doutaient guère qu'ils seraient enveloppés dans le désastre national, arrachés à leur paisible refuge et dispersés un peu de partout où se brûlait une cartouche contre l'ennemi, où se dressait une barrière humaine contre l'invasion.

L'œuvre philanthropique et chrétienne du relèvement de ces libérés adultes, sortie de la période des tâtonnements et des difficultés d'une organisation matérielle lente et coûteuse, fonctionnait avec une régularité d'heureux augure. Elle avait assez vécu pour que désormais on la crut viable. Le recrutement avait été étendu du Rhône au reste des départements : le travail était abondant et rémunéré ; la discipline sauvegardée. Le pays s'accoutumait à ses nouveaux hôtes ; l'effroi glacial du début, chez les paisibles riverains, dans les cottages gracieux de la vallée, avait à peu près disparu ; du dehors on facilitait le placement des internés désireux, après six ou sept mois de persévérance, de rentrer courageusement dans la mêlée sociale. On commençait à cueillir, après avoir semé avec tant de peine et de hasard.

Mais bientôt les plus alarmantes nouvelles se répandent avec une foudroyante rapidité ; les désastres succèdent aux désastres ; l'empire, battu à Sédan, est renversé à Paris ; les armées régulières sont l'une, captive, en route pour les forteresses de l'Allemagne, l'autre immobilisée sous les murs de Metz par l'inertie factieuse d'un chef plus intrigant que loyal ; les Prussiens s'avancent à marche forcée sur la capitale ; le gouvernement de la Défense nationale est proclamé, mais dans plusieurs villes notamment à Lyon, l'émeute est maîtresse des administrations et des caisses publiques : les passions révolutionnaires s'allument : le drapeau rouge flotte comme une provocation au pillage et au désordre : on envahit les couvents ; on perquisitionne au grand Séminaire : on emprisonne les religieux et le préfet ; les bataillons insurrectionnels sont sous les armes ; on s'attend aux pires excès ; on pronostique d'irréparables violences.

Les habitants du Mont-d'Or ne regardent qu'avec les plus vives appréhensions du côté de Saint-Léonard. Que décideront ses pensionnaires ? à quelles extrémités se porteront-ils ? ne jugeront-ils pas le moment commode pour tirer vengeance des avanies qu'ils n'ont pas oubliées ? Rassurez-vous, bourgeois pusillanimes et trop défiants de l'influence exercée par le christianisme sur ces natures farouches qu'il adoucit en les réglant. Voulez-vous constater à quel degré la transformation est sérieuse, les dispositions qu'il inspire bien faites pour calmer votre effroi ?

Les hommes suspects deviennent des volontaires hardis ; ces repris de justice s'enrôlent bravement sous le drapeau de leurs anciens régiments ; ils entrent dans les compagnies de marche ou dans les francs-tireurs. Presque tous partirent ; beaucoup ne revinrent pas, ayant trouvé la mort sur un champ de bataille ou sur un lit d'ambulance. Solidaire de ses camarades, qui avaient si noblement payé leur dette patriotique, un d'entre eux rapporta ici le ruban rouge que le général Duclot avait épinglé sur son veston à Champigny. La maison n'était-elle pas décorée avec lui ?

Le nid vide de sa couvée, l'abbé Villion prit son vol vers les plaines ensanglantées où la France guerrière agonisait. Il sera aumônier, puisqu'il lui est interdit d'être soldat ; il ira quand même au feu avec les siens ; au lieu d'un fusil, il tiendra son crucifix et le portera offrir aux baisers des blessés et des moribonds, comme le signe des espérances et des joies de l'au-delà. Pendant ces mois terribles, sa vaillance, son dévouement, son endurance ont dépassé ce qu'il est possible de se figurer.

Officiellement incorporé dans la première ambulance lyonnaise, qui avait été formé par les soins de l'éminent praticien le Docteur Olier, il s'achemine avec elle dans la direction des Vosges, stationne à Belfort, où il y reviendra, y distribue les secours et les lettres dont il s'est muni ; traverse une partie de la Haute-Saône, en visitant dans plusieurs villages les fièvreux et les amputés, et rejoint à temps les fourgons de la Croix-Rouge pour assister aux combats d'Etuz, de Cussey et d'Auxon, les 21 et 22 octobre.

Il prend la tête d'un convoi de voitures, réquisitionnées, on ne sait comment, à force de supplications ou à prix d'or ; il traverse la vallée de Châtillon sous une grêle d'obus et vient ramasser les blessés jusque dans les lignes les plus avancées. Son sang-froid le dispute à son intrépidité. Devant le pont de Cussey, une poignée de héros, mobiles Vosgiens et des Hautes-Alpes arrêtent pendant sept heures l'effort de l'ennemi et sont mitraillés sans avoir reculé. Les maisons du village sont criblées de balles ; la mairie, l'église et le château

sont la proie des flammes : les granges et leurs moissons en
feu éclairent comme d'immenses torches l'horizon enveloppé
de poudre et de fumée ; le sang coule mêlé aux flots de la
rivière de l'Ognon ; les plaintes des mutilés et le râle des ago-
nisants sont couverts par les hourrahs de la victoire. Mais
nos troupiers luttent jusqu'au bout un contre vingt : quand
ils n'ont plus de munitions il leur reste leur désespoir. Grâce
à cette résistance, les zouaves ont eu le temps d'accourir à
Auxon, et les Prussiens en seront repoussés à la baïonnette ;
des hauteurs de Châtillon deux pièces, sûres de leur tir, ren-
dront leurs batteries impuissantes ; Werder, malgré ses
coûteux avantages, est contraint de reculer ; en vingt-quatre
heures, il bat en retraite, et Besançon est délivré.

Dix-huit mois après, les habitants de Cussey érigeaient un
monument dans leur cimetière à la mémoire des braves qui
avaient succombé dans ces funestes rencontres. L'orateur de
cette fête funèbre, qui, depuis, a illustré le siège éloquent des
Fléchier et des Plantier par un éclat qu'il n'avait pas encore
connu à ce degré, M. le chanoine Besson rendit hommage à
nos compatriotes, les abbés Faivre et Villion ; en les nom-
mant, il les loua d'avoir soutenu les combattants avec l'ar-
deur que commandait la cause nationale, de les avoir pansés
et confessés avec la charité que réclamaient leur martyre et
leur foi. « L'un d'eux, disait-il, est dans ce sanctuaire et il
pleure encore au souvenir de cette soirée fameuse ; l'autre,
M. l'abbé Faivre, a achevé par cette campagne sa longue vie
de dévouement et d'honneur, passée au service des soldats (1) ».

Belfort n'avait pas cessé de hanter la pensée de notre am-
bulancier ; il s'était juré d'y remettre jusqu'au dernier des
messages qu'il avait emportés à son départ. Il prit donc à
l'Est, quand ses compagnons, avec les divisions de Cambriels,
se transportèrent de la Franche-Comté sur les bords de la
Loire. Mais ni ses instances, ni ses ruses, ni son brassard, ni

------

(1) Mgr Besson, évêque de Nimes, Uzès et Alais : *L'année d'expiation
et de grâce* : Oraison funèbre des soldats morts au combat de Cussey,
le 22 octobre 1870 prononcée dans l'église de cette paroisse, le
11 avril 1872.

sa diplomatie ne parvinrent à lui ouvrir les portes de la place que tant de Lyonnais, sous l'inflexible vouloir du colonel Denfert, préservèrent de l'humiliation de la capitulation et conservèrent à la France.

Lyon et Belfort ! Lyon, pareille à une mère des Macchabées, immolée dans tes enfants, Belfort, ne cédant pas une pierre de tes casemates, ni un pouce de ton enceinte, vos noms, désormais inséparables, brilleront de concert dans l'histoire d'un siège où l'on vit se renouveler les légendaires prodiges de la patience civile et de la vaillance de la garnison ! Pendant que la fière cité alsacienne supporte un bombardement de 73 jours, que les maisons s'effondrent et que les caves ne sont plus même qu'un abri incertain, pendant que les vivres sont rationnés, les privations de tout genre épargnées ni aux femmes ni aux vieillards, au pied de la montagne de Fourvière, on est plongé dans les plus vives anxiétés ; on s'arrache les dépêches ; on se jette sur les listes des blessés et des morts ; on entoure les autels de supplications ; on invoque la Vierge Libératrice par des pèlerinages et par des vœux ; tous les cœurs sont tournés vers ce coin de frontière, tant ils sont nombreux les fils, les pères, les époux, enfermés là-bas et pour lesquels on s'inquiète et on prie. Ah ! que cette fraternité d'angoisses, de pleurs et de sang répandus, ne soit jamais brisée ! qu'elle rayonne de la trouée au confluent, comme l'arc-en-ciel de nos communes et patriotiques espérances !

L'abbé Villion cependant mettait un énergique entêtement à réclamer un sauf-conduit qu'on ne lui accordait jamais, en le renvoyant de Mulhouse à Fontaines-sous-Rougemont et de l'état-major au général Trescokoff. Il errait dans les lignes prussiennes, sans perdre ses illusions, trop peu défiant, trop sûr de sa bonne foi naïve. Il devait le payer cher. Le premier décembre, il est brutalement réveillé, avant l'aube, par un caporal et quatre hommes qui l'arrêtent comme espion. Vainement manifeste-t-il son étonnement et proteste-t-il de son innocence, on le hisse sur un tombereau à peine garni d'une misérable botte de paille et ses gardiens l'escortent à la Chapelle-sous-Rougemont. Là, après une sommaire enquête d'identité, on le verrouille dans un cachot comme un malfai teur. Dès le lendemain, avec ses deux compagnons, à quatre heures du matin, par une température de quinze degrés au-dessous de zéro, sur des chemins couverts de neige et de verglas, sans repos d'étape, on l'emmène de Cernay à Colmar, de Colmar, où il arrive à minuit et demi et couche dans un corps de garde infect, à Strasbourg. Sur la route, les populations entourent ces malheureux grelottants, elles leur apportent des vivres, et une jeune fille, émue de pitié, jette un châle, d'une fenêtre, sur les épaules transies du pauvre captif. Dix-sept jours au secret, dix-sept jours d'interrogatoires insidieux, brutalement terminés par une menace d'être fusillé, dix-sept jours de transes et d'insomnies ont brisé ses forces, mais son acquittement les lui rend et il reprend la campagne pour la troisième fois.

Rentrera-t-il enfin dans Belfort, avec cette nouvelle armée de l'Est, si jeune d'allure et d'espoir, sous le commandement du général Bourbaki ? On le répétait à ses côtés ; on l'espérait à Lyon comme à Tours ; lui-même n'en doutait pas et il allait de l'avant, continuant son ministère de charité et de consolation, plein d'élan et de vigueur, infatigable distributeur de provisions, de vêtements, de bons mots et de tabac.

Mais il était écrit que la fortune ne cesserait pas de nous accabler des coups les plus cruels et les plus inattendus : elle se refusait jusqu'à la fin de payer du plus rapide sourire l'héroïsme de nos troupes et les sacrifices du pays. Villersexel, Héricourt, Chenebier voient jouer le sort des dernières batailles et engloutir dans un désastre fatal les suprêmes ressources de la France aux abois. La faim, le froid, les glaces, l'épuisement sont ligués contre le courage malheureux ; la retraite est inévitable, les canons se taisent et les clairons la sonnent ; la Suisse hospitalière reçoit l'avalanche de nos régiments disloqués, les drapeaux enroulés, la giberne vide, le deuil au front.

Le cher aumônier ne quitta pas le rang ; il passa à son tour la frontière et de Pontarlier à Neufchâtel il accompagna la première légion du Rhône. C'est en arrivant à Neufchâtel, dans la nuit du 31 janvier au 1er février, qu'il retrouva au milieu d'un millier de mobiles, couchés sur les bancs et sur le pavé du temple luthérien, un de ses jeunes amis, ancien élève de l'Argentière, savant ingénieur, touché à mort par une fluxion de poitrine avancée. Le secourir et l'absoudre, lui faire agréer le décret de la volonté divine, le préparer à une fin douce et résignée, fut le dernier acte de son ministère dans les camps. Il ramena André Frappa dans sa famille, entre les bras de sa mère et lui ferma les yeux quinze jours après, en maudissant la guerre qui tranche des vies aussi précieuses et en écrivant comme épitaphe, sur cette tombe de prédestiné, les mots de nos Livres-Saints : *Pacem et veritatem diligite*.

Pour lui, il se promit de travailler plus que jamais à l'apaisement social ; il s'attacha plus fermement à sa mission d'amener les rebelles contre l'ordre public au repentir, et de persuader le prochain de leur loyal amendement.

III

Le dernier trait que je proposerais de relever, dans cette longue et sainte vie, dont je suis confus d'être un panégyriste si imparfait, ressort de ce qu'il est très exact de nommer sa popularité : je veux dire le succès de ses entreprises, les sympathies qu'elle détermine, le crédit qui l'entoure, les distinctions dont elle est honorée, les récompenses qui la couronnent.

Il est évidemment superflu de remarquer que Dieu n'a pas avec tous ses meilleurs ouvriers une manière uniforme de se conduire ; les uns, il les accable parfois de plus de croix qu'il ne les inonde de consolations ; il sème leurs pas de plus d'épines que de roses ; il n'appelle pas aux joies de la moisson ceux qui ont été sacrifiés aux peines du labour. On dirait que la privation de ce que la nature convoite le plus vivement et possède avec le plus de jouissance est prise comme condition nécessaire des bénédictions fécondes et durables.

Mais pour d'autres, la destinée est plus clémente ; elle ménage ses coups ; elle amortit le choc de ses déceptions ; elle prépare, dans le concours de circonstances favorables, d'amitiés actives, de saisissantes opportunités, ce qui est le plus avantageux à la réalisation de projets réputés les moins praticables. Leur sérénité n'est pas troublée par les bruits assourdissants de la sottise, de la défiance, de la calomnie. Leur bonne humeur désarme les jaloux : elle plaît aux braves gens ; elle déconcerte les méchants. On ne discute pas plus leurs intentions qu'on ne critique leur caractère ; la faveur publique les comble de ses caresses et ce qui leur échoit d'heureux est un motif de leur souhaiter plus de bonheur encore.

Ne reconnaissez-vous pas à cette esquisse, si incomplète soit-elle, l'aimable Père Villion, aussi sincèrement pleuré après sa mort qu'il avait été, pendant soixante-dix-huit ans, soutenu, admiré et choyé ?

Il eut des épreuves, mais il en triompha : des contradicteurs, mais il les convainquit ; des ennemis peut-être, il les gagna et de plus d'un d'entre eux il se fit un chaud partisan. A force d'être en contact avec ce que l'humanité engendre de pire comme échantillons de perversité et d'atrophie du sens moral, il avait fini par s'assurer qu'elle ne méritait pas tout le mal dont une philosophie acariâtre l'accable ; il rejetait sur l'ignorance, ou la faiblesse, ce qu'on attribuait à la malice ; il reprochait à la misère plus de fautes qu'à la conscience ; sans innocenter absolument les coupables, il transportait une partie de leur responsabilité sur des complicités anonymes et collectives, telles que l'absence de foyer familial, le vagabondage, l'excitation de la rue ou du cabaret, le poison du journal ou de l'alcool, impulsions aveugles et presque fatales où la volonté a moins de prise que le détraquement des nerfs et du cerveau. Il avait foi surtout en l'amélioration individuelle, dans le perfectionnement de notre matériel intérieur de résistance contre les surprises des sens ou les entraînements du scandale ; il attendait l'assainissement des natures les plus ingrates d'un traitement progressif et mutuel : il traitait les vicieux comme des malades et il ne riait pas du remède.

C'était un sage : et afin de n'être pas forcé de décompter avec ses prévisions et ses rêves, il proportionnait la vertu à la capacité de l'effort et rapprochait l'idéal des yeux qu'il invitait à le contempler.

C'était un indulgent : il ne condamnait pas sans appel ; il usait de l'avertissement plus que de l'anathème ; ses reproches finissaient par un compliment ; avant de crier à la maladresse, il réparait les dégâts et redressait le tort.

C'était un compatissant : toute souffrance l'émouvait ; toute détresse éveillait son attention ; sa pitié se penchait amoureusement vers les délaissés, les incapables, les meurtris, les invalides ; on ne pleurait pas devant lui sans lui arracher des larmes, et, de toute son âme, comme d'un vase trop plein de l'arôme du Calvaire, débordait une bonté secourable à tous les maux.

C'était un patient : à l'école de l'expérience, il avait appris que tout vient à qui sait attendre, il attendait en agissant ; il ne heurtait personne, il ne brisait aucune résistance, il la tournait ; il ne froissait aucun préjugé, il le déracinait ; il ne repoussait aucun concours, il l'endiguait dans le courant général. Il se souvenait à propos de la pêche miraculeuse de Tibériade. Le miracle fut instantané, disent les prôneurs des expédients rapides et hasardeux : Jésus commanda et les filets se remplirent. Oui, répondent ceux qui préfèrent abandonner le moins possible de chances à la surprise ou à la violence ; mais les apôtres avaient travaillé toute la nuit ; toute la nuit ils avaient sondé les eaux du lac et jeté l'amorce aux poissons qui furent pris.

C'était enfin un grand cœur, simple, droit, fidèle, reconnaissant, non moins fermé aux suggestions de l'égoïsme qu'insensible aux mesquines rivalités d'amour-propre. Il aimait et il était aimé ; il se donnait et on le payait de retour ; il faisait du bien parce qu'il ne voulait pas faire autre chose, absolument enfermé dans son état et dans son dessein.

La gratitude et la docilité des « chérubins », comme leur directeur se plaisait à nommer familièrement les hôtes de Saint-Léonard, furent le premier dédommagement des sacrifice de l'abbé Villion, la preuve indéniable que ses vues étaient le contraire d'une utopie et que son zèle ne serait pas moins agréé que réfléchi. En franchissant le seuil du refuge, ces émigrants de prison, récidivistes incorrigibles, placés sous la surveillance de la police ou menacés de relégation, se demandaient ce qui les attendait. Echangeaient-ils une geôle contre une autre geôle ? le pain noir de l'État contre le pain aussi peu blanc de l'assistance privée ? des gardiens en tunique bleue contre un surveillant en soutane ? Cette défiance tombait dès l'entrée, la franche poignée de main de l'accueil avait mis en déroute toute fausse honte : les velléités de résistance s'évanouissaient ; les mauvais souvenirs fuyaient comme des nuages sans eau ; le joug n'apparaissait plus intolérable, parce que le maître, en le plaçant sur leurs épaules, en avait enlevé, du premier coup, les surcharges accablantes, en calmant leurs consciences inquiètes et en les assurant d'un pardon qu'ils n'avaient pas commencé à mériter.

Le prêtre revêtait à leurs yeux son véritable caractère et reprenait le nom qui le désigne le mieux ; on l'appelait le Père, et son toit n'abritait plus que des enfants et des frères. Sa volonté constituait tout le réglement ; son ascendant la discipline, ses réprimandes les rares punitions. Ne redoutez pas qu'on conteste son autorité, qu'on se détourne de ses ordres, qu'on ne se repente pas de l'avoir offensé. On obéit toujours, quand l'amitié vous y engage ; celui qui possède les cœurs tient les bras. C'est la méthode la plus sûre pour gouverner : c'est le plus beau triomphe de la bonté. Un journaliste parisien, des plus lus, écrivit un jour de M. Villion qu'il était un dompteur d'hommes (1). Le mot est piquant, en vedette d'un article tiré à un million d'exemplaires ; mais peutêtre que, dans la chaire, il rend un son trop dur pour des oreilles chrétiennes. Essayons de dire autrement : le bienfaiteur des Valjean du Rhône a fait mieux que de dompter les hommes ; il se les est attachés ; il a été conquérant et convertisseur.

Au dehors, le charme ne s'exerçait pas moins qu'au dedans ; l'avocat des patronés gagnait son procès à peu près autant de fois qu'il le plaidait, à la barre du public, devant les souscripteurs, les bureaux des commissions départementales, au ministère de la justice, tant il parlait avec chaleur, manœuvrait avec dextérité, remerciait avec bonne grâce. Les salaires étant de beaucoup insuffisants, l'œuvre n'aurait pas vécu sans des secours supplémentaires ; les quêtes devenaient

----

(1) Timothée Trimm, *Petit Journal* du 16 novembre 1867.

donc obligatoires. Quel rebutant métier que d'aller de porte en porte, la besace de quémandeur sur le dos, répéter les mêmes doléances, réciter la même complainte, affronter toutes sortes d'accueil, répondre aux sempiternelles mêmes fins de non-recevoir! Ici, on importune des gens occupés ; là, on trouble des neutralités discrètes ; ailleurs on doit apitoyer des indifférents, plus loin distraire des oisifs ou encenser des vaniteux. Encore, si on redescendait les étages avec le denier de ses peines et de son temps, mais trop fréquemment la démarche a été vaine, et les plus pressantes sollicitations n'ont pas ouvert une bourse sur dix.

Je ne sais quel mystérieux talisman notre quêteur de Saint-Léonard portait avec lui ; mais, pendant quarante ans, il préleva son tribut sur les largesses officielles que les curés n'entament pas facilement, et la charité privée répondit à ses requêtes et le sauva des emprunts et des dettes. C'est à se demander, pourvu qu'il ne me soit point interdit de sourire dans un aussi austère sujet, au moins pour donner quelque relâche à votre attention, s'il n'avait pas surpris à un de ses professionnels du crime le secret honnête de forcer délicatement les coffres-forts les plus résistants et de les alléger de son nécessaire.

Le surcroît des charges vraiment accablantes, imposées aux catholiques par les devoirs de la crise terrible, dans laquelle nos institutions, notre enseignement, notre liberté, notre foi sont menacés, ne suspendit pas la libéralité de ses bienfaiteurs : ils continuèrent de l'inscrire dans le budget des perpétuels arrérages à payer sur les créances de la Providence. Il s'évertuait du reste à s'y maintenir par d'irrésistibles arguments. Si on lui objectait la multiplicité et les instances des œuvres nouvelles et urgentes : il se prévalait de son droit d'ancienneté ; lui objectait-on que les écoles libres exigeaient de grosses dépenses, il en convenait volontiers : mais, répondait-il, à quoi bon ouvrir des écoles, si vous ne fermez pas les prisons ? Je corrige ce que l'éducation n'a pas réformé : je supplée, vingt ou trente ans après, à l'impuissance des instituteurs dont les soins ont avorté. Il raisonnait ainsi avec une conviction communicative, dont les plus incrédules étaient ébranlés, et dès qu'il était à bout de preuves, il tirait sa réserve et démontrait, avec un soulignement malicieux, que ce qu'on versait, entre ses mains, n'était qu'une prime fort minime d'assurance obligatoire contre le vol, l'anarchie et le collectivisme.

A ces miettes nourricières, tombées de la table des riches, l'abbé Villion ambitionna d'ajouter pour ses Lazares un peu de ce qui brille, de ce qui honore. de ce qui provoque l'émulation et entretient une légitime fierté. Il y réussit, comme ailleurs, dans une mesure exceptionnelle. La liste des diplômes, des médailles, des titres, des croix qu'il obtint serait digne d'être rappelée. Elle s'ouvre par un décret d'utilité publique, daté du 6 mai 1868, et se ferme sur le prix Montyon, proclamé dans la séance annuelle de l'Académie Française, le 20 novembre dernier. Ces distinctions ont les provenances les plus diverses : l'autorité religieuse, le pouvoir civil, les sociétés nationales de philanthropie, les congrès, les commissions d'Expositions Universelles, l'Académie de Lyon et l'Institut de France se disputent la satisfaction de louer ses mérites et de les récompenser. Le cardinal Foulon l'installe, en 1892, dans une stalle du chapître de Saint-Jean et le Président de la République, le 25 février 1900, place sur sa poitrine la croix de la légion d'honneur.

Ne soyez point surpris, mes Frères, encore moins scandalisés de m'entendre, sous ces voûtes sacrées, à la vue de ces saints autels et de ce tombeau qui nous prêchent avec tant de force le néant des dignités et des louanges terrestres, énumérer de vaines distinctions. que la mort a effacées, et rappeler des grandeurs évanouies comme une rapide fumée, incapables de nous consoler dans notre douleur. Vous vous tromperiez, en découvrant quelque faiblesse dans le désir qui les a recherchées, et peut-être des traces d'une sensibilité trop prompte dans la joie goûtée à les recevoir. L'humilité demeura une vertue sérieuse de ce chanoine si décoré. Il savait mieux que nous qu'une âme chrétienne et surtout une âme sacerdotale n'attache que du dédain à ces applaudissements, à ces brevets, à ces parchemins qui plaisent au monde et l'amusent. sans être entrés encore dans les béatitudes évangéliques. Mais c'était en faveur des déshérités qu'il tenait à développer son héritage, c'était afin de les appeler à le partager. Il accumulait sur sa maison beaucoup d'honneurs, et tous ceux qu'elle abritait se persuadaient que chacun d'eux avait regagné un peu d'honneur; ses ordres du jour effaçaient les condamnations antérieures d'autrui. Son orgueil faisaft donc partie de sa méthode et, si le mot passe, ses croix étaient les brillants crampons de ce sauveteur modeste et désintéressé.

On en eut la preuve dans une des occasions les plus solennelles de sa vie. Un général, un de vos plus dignes concitoyens, chers habitants de Couzon, venait de lui donner l'accolade de chevalier; la fête était splendide : la poésie en avait chanté le héros ; l'éloquence l'avait célébré en termes magnifiques. Emu jusqu'aux larmes, reconnaissant de tant de nobles amitiés qui l'entourent et le félicitent, le Père aperçoit surtout ses chérubins ; à son tour, il les décore et les embrasse. « Cette croix, leur dit-il, avec un geste sublime qui semble l'ôter de sa poitrine et la poser sur la leur, elle vous appartient. C'est la croix des 3000 libérés qui sont venus se grouper à l'ombre du drapeau de Saint-Léonard.. C'est la croix de l'honneur, c'est la croix de votre honneur ; quand vous quitterez cet asile, vous emporterez avec vous un peu de cette croix. Ce sera la sauvegarde de votre honneur. Je vous la confie. »

Simple et merveilleux langage de la bonté et de l'oubli de soi-même ! Programme entraînant d'une carrière admirable, sans une journée perdue ! Il achève de consacrer au souvenir et à la bénédiction des hommes cette mémoire, une des plus dignes de franchir le temps et l'oubli.

Que la mort maintenant prenne les devants sur l'Académie, que la couronne, décernée au candidat vainqueur, arrive trop tard et figure seulement sur son cercueil ; l'hommage ne perd rien de son prix, ni la mention de son retentissement. Le dernier rayon de la fortune, sur cette existence, signalée par tant de chances singulières et par tant de bienfaits, n'en sera pas le moins éclatant, ni le moins extraordinaire. Pendant que dans cette église vous célébrez les funérailles du chanoine et que vous répandez vos prières pour son repos éternel, à Paris, sous la coupole de l'Institut, devant le plus élégant et le plus spirituel auditoire du monde, on proclame son nom, on répète son éloge, on prépare, pour ainsi dire, son apothéose, en l'élevant au nombre des illustrations du pays, en le présentant aux âges futurs comme un exemple de vertu, l'ornement de notre histoire nationale, la gloire du christianisme et sa plus durable apologie.

Sainte et chère Eglise de Lyon, les siècles n'ont pas tari ta fécondité : dans ton immortelle jeunesse, tu demeures toujours l'heureuse inspiratrice des œuvres bienfaisantes et la mère des généreux apostolats.

Sur ton berceau, si les martyrs de Fourvière ont jeté les palmes de leur sanglante résistance, nos contemporains ont vu briller sur ton front, plus radieuse que jamais, l'auréole de la perfection sacerdotale. Quelle lignée d'hommes que les Vianney, les Champagnat, les Rey, les Chevrier, les Duplay, les Viennois, les Rambaud, les Villion, le cœur constamment incliné vers les plus sombres misères et la main tendue pour les relèvements les plus désespérés ! Quelle saisissante résurrection du Christ dans leurs personnes ! Quel renouveau évangélique dans leurs entreprises !

Demandons à Dieu, mes Frères, non seulement que leur mémoire soit conservée ici-bas et leurs mérites couronnés en paradis, mais que sa clémence infinie suscite de leurs cendres beaucoup de disciples qui leur ressemblent et nous gratifient des sauveurs prophétisés.

Puisse la plupart d'entre nous, entendre la voix encourageante, sortie de la tombe, que nous avons honorée aujourd'hui, pour nous prêcher l'urgence de l'action, le prix du devoir et la marche en avant. Répétons à notre tour, dans le bruit des tempêtes et malgré les oscillations du navire qui porte la fortune de la patrie et de la religion : toujours droit et toujours plus haut, *Surgam et ibo. Amen.*

LYON. — IMPRIMERIE M. PAQUET, RUE DE LA CHARITÉ, 46.

www.ingramcontent.com/pod-product-compliance
Ingram Content Group UK Ltd.
Pitfield, Milton Keynes, MK11 3LW, UK
UKHW020001130726
13694UKWH00005B/2022